TRANZLATY

Language is for everyone

Limba este pentru toată lumea

Beauty and the Beast

Frumoasa și Bestia

Gabrielle-Suzanne Barbot de Villeneuve

English / Română

Copyright © 2025 Tranzlaty
All rights reserved
Published by Tranzlaty
ISBN: 978-1-83566-987-7
Original text by Gabrielle-Suzanne Barbot de Villeneuve
La Belle et la Bête
First published in French in 1740
Taken from The Blue Fairy Book (Andrew Lang)
Illustration by Walter Crane
www.tranzlaty.com

There was once a rich merchant
A fost odată un negustor bogat
this rich merchant had six children
acest bogat negustor a avut șase copii
he had three sons and three daughters
a avut trei fii si trei fiice
he spared no cost for their education
nu a scutit nici un cost pentru educația lor
because he was a man of sense
pentru că era un om cu simț
but he gave his children many servants
dar le-a dat copiilor săi mulți slujitori
his daughters were extremely pretty
fiicele lui erau extrem de frumoase
and his youngest daughter was especially pretty
iar fiica lui cea mică era deosebit de drăguță
as a child her Beauty was already admired
în copilărie, frumusețea ei era deja admirată
and the people called her by her Beauty
iar oamenii o numeau după frumusețea ei
her Beauty did not fade as she got older
frumusețea ei nu s-a stins pe măsură ce a îmbătrânit
so the people kept calling her by her Beauty
așa că oamenii o tot numeau după frumusețea ei
this made her sisters very jealous
asta le-a făcut pe surorile ei foarte geloase
the two eldest daughters had a great deal of pride
cele două fiice mai mari aveau multă mândrie
their wealth was the source of their pride
averea lor era sursa mândriei lor
and they didn't hide their pride either
și nu și-au ascuns nici mândria
they did not visit other merchants' daughters
nu au vizitat fiicele altor negustori
because they only meet with aristocracy
pentru că se întâlnesc doar cu aristocrația

they went out every day to parties
ieșeau în fiecare zi la petreceri
balls, plays, concerts, and so forth
baluri, piese de teatru, concerte și așa mai departe
and they laughed at their youngest sister
și râdeau de sora lor cea mai mică
because she spent most of her time reading
pentru că își petrecea cea mai mare parte a timpului citind
it was well known that they were wealthy
era bine cunoscut că erau bogați
so several eminent merchants asked for their hand
așa că mai mulți negustori eminenti le-au cerut mâna
but they said they were not going to marry
dar au spus că nu vor să se căsătorească
but they were prepared to make some exceptions
dar erau pregătiți să facă unele excepții
"perhaps I could marry a Duke"
„Poate că m-aș putea căsători cu un duce"
"I guess I could marry an Earl"
„Cred că m-aș putea căsători cu un conte"
Beauty very civilly thanked those that proposed to her
beauty le-a mulțumit foarte civilizat celor care au cerut-o în căsătorie
she told them she was still too young to marry
ea le-a spus că era încă prea tânără pentru a se căsători
she wanted to stay a few more years with her father
a vrut să mai stea câțiva ani cu tatăl ei
All at once the merchant lost his fortune
Deodată negustorul și-a pierdut averea
he lost everything apart from a small country house
a pierdut totul în afară de o casă mică de țară
and he told his children with tears in his eyes:
și le-a spus copiilor săi cu lacrimi în ochi:
"we must go to the countryside"
„Trebuie să mergem la țară"
"and we must work for our living"

„și trebuie să muncim pentru existența noastră"
the two eldest daughters didn't want to leave the town
cele două fiice mai mari nu voiau să părăsească orașul
they had several lovers in the city
au avut mai mulți îndrăgostiți în oraș
and they were sure one of their lovers would marry them
și erau siguri că unul dintre iubiții lor se va căsători cu ei
they thought their lovers would marry them even with no fortune
credeau că iubiții lor se vor căsători cu ei chiar și fără avere
but the good ladies were mistaken
dar doamnele bune s-au înșelat
their lovers abandoned them very quickly
iubiții lor i-au abandonat foarte repede
because they had no fortunes any more
pentru că nu mai aveau averi
this showed they were not actually well liked
acest lucru a arătat că nu erau de fapt foarte apreciați
everybody said they do not deserve to be pitied
toată lumea a spus că nu merită să fie milă
"**we are glad to see their pride humbled**"
„Ne bucurăm să le vedem mândria umilită"
"**let them be proud of milking cows**"
„să fie mândri că mulg vacile"
but they were concerned for Beauty
dar erau preocupați de frumusețe
she was such a sweet creature
era o creatură atât de dulce
she spoke so kindly to poor people
le-a vorbit atât de binevoitor oamenilor săraci
and she was of such an innocent nature
și era de o natură atât de nevinovată
Several gentlemen would have married her
Mai mulți domni s-ar fi căsătorit cu ea
they would have married her even though she was poor
s-ar fi căsătorit cu ea chiar dacă era săracă

but she told them she couldn't marry them
dar ea le-a spus că nu se poate căsători cu ei
because she would not leave her father
pentru că nu și-a părăsit tatăl
she was determined to go with him to the countryside
era hotărâtă să meargă cu el la țară
so that she could comfort and help him
pentru ca ea să-l mângâie și să-l ajute
Poor Beauty was very grieved at first
Biata frumusețe a fost foarte mâhnită la început
she was grieved by the loss of her fortune
era îndurerată de pierderea averii
"but crying won't change my fortunes"
„dar plânsul nu îmi va schimba averea"
"I must try to make myself happy without wealth"
„Trebuie să încerc să mă fac fericit fără bogăție"
they came to their country house
au venit la casa lor de la tara
and the merchant and his three sons applied themselves to husbandry
iar negustorul și cei trei fii ai săi s-au aplicat la exploatație
Beauty rose at four in the morning
frumusețea s-a ridicat la patru dimineața
and she hurried to clean the house
iar ea s-a grăbit să curețe casa
and she made sure dinner was ready
și s-a asigurat că cina era gata
in the beginning she found her new life very difficult
la început i s-a părut foarte dificilă noua ei viață
because she had not been used to such work
pentru că ea nu fusese obișnuită cu o astfel de muncă
but in less than two months she grew stronger
dar în mai puțin de două luni a devenit mai puternică
and she was healthier than ever before
și era mai sănătoasă decât oricând
after she had done her work she read

după ce şi-a făcut treaba a citit
she played on the harpsichord
ea cânta la clavecin
or she sung whilst she spun silk
sau ea cânta în timp ce toarse mătase
on the contrary, her two sisters did not know how to spend their time
dimpotrivă, cele două surori ale ei nu ştiau să-şi petreacă timpul
they got up at ten and did nothing but laze about all day
s-au trezit la zece şi n-au făcut decât să lenevească toată ziua
they lamented the loss of their fine clothes
se plângeau de pierderea hainelor fine
and they complained about losing their acquaintances
şi s-au plâns că şi-au pierdut cunoştinţele
"Have a look at our youngest sister," they said to each other
„Uitaţi-vă la sora noastră cea mai mică", şi-au spus unul altuia
"what a poor and stupid creature she is"
"Ce biata si proasta este ea"
"it is mean to be content with so little"
"este rau sa te multumesti cu atat de putin"
the kind merchant was of quite a different opinion
negustorul amabil era de o părere cu totul diferită
he knew very well that Beauty outshone her sisters
ştia foarte bine că frumuseţea le depăşeşte pe surorile ei
she outshone them in character as well as mind
i-a eclipsat atât ca caracter, cât şi ca minte
he admired her humility and her hard work
îi admira smerenia şi munca ei grea
but most of all he admired her patience
dar mai ales îi admira răbdarea
her sisters left her all the work to do
surorile ei i-au lăsat toată munca de făcut
and they insulted her every moment
şi o insultau în fiecare clipă
The family had lived like this for about a year

Familia trăia așa de aproximativ un an
then the merchant got a letter from an accountant
apoi comerciantul a primit o scrisoare de la un contabil
he had an investment in a ship
a avut o investiție într-o navă
and the ship had safely arrived
iar nava sosise cu bine
this news turned the heads of the two eldest daughters
vestea lui a întors capetele celor două fiice mai mari
they immediately had hopes of returning to town
au avut imediat speranțe să se întoarcă în oraș
because they were quite weary of country life
pentru că erau destul de obosiți de viața la țară
they went to their father as he was leaving
s-au dus la tatăl lor când el pleca
they begged him to buy them new clothes
l-au rugat să le cumpere haine noi
dresses, ribbons, and all sorts of little things
rochii, panglici și tot felul de lucruri mărunte
but Beauty asked for nothing
dar frumusețea nu a cerut nimic
because she thought the money wasn't going to be enough
pentru că ea credea că banii nu vor fi suficienți
there wouldn't be enough to buy everything her sisters wanted
nu ar fi suficient să cumpere tot ce și-au dorit surorile ei
"What would you like, Beauty?" asked her father
— Ce ți-ar plăcea, frumusețe? întrebă tatăl ei
"thank you, father, for the goodness to think of me," she said
„Îți mulțumesc, părinte, pentru bunătatea de a te gândi la mine", a spus ea
"father, be so kind as to bring me a rose"
„Tată, fii atât de amabil încât să-mi aduci un trandafir"
"because no roses grow here in the garden"
"pentru ca nu cresc trandafiri aici in gradina"
"and roses are a kind of rarity"

„şi trandafirii sunt un fel de raritate"
Beauty didn't really care for roses
frumuseţii nu prea îi păsa de trandafiri
she only asked for something not to condemn her sisters
a cerut doar ceva pentru a nu-şi condamna surorile
but her sisters thought she asked for roses for other reasons
dar surorile ei credeau că a cerut trandafiri din alte motive
"she did it just to look particular"
"Ea a făcut-o doar pentru a arăta special"
The kind man went on his journey
Bărbatul bun a plecat în călătoria lui
but when he arrived they argued about the merchandise
dar când a sosit s-au certat despre marfă
and after a lot of trouble he came back as poor as before
iar după multe necazuri s-a întors la fel de sărac ca înainte
he was within a couple of hours of his own house
se afla la câteva ore de propria sa casă
and he already imagined the joy of seeing his children
şi îşi imagina deja bucuria de a-şi vedea copiii
but when going through forest he got lost
dar când trecea prin pădure s-a rătăcit
it rained and snowed terribly
a plouat şi a nins îngrozitor
the wind was so strong it threw him off his horse
vântul era atât de puternic încât l-a aruncat de pe cal
and night was coming quickly
iar noaptea venea repede
he began to think that he might starve
a început să se gândească că ar putea muri de foame
and he thought that he might freeze to death
şi s-a gândit că s-ar putea să îngheţe până la moarte
and he thought wolves may eat him
şi a crezut că lupii îl pot mânca
the wolves that he heard howling all round him
lupii pe care i-a auzit urlând în jurul lui
but all of a sudden he saw a light

dar dintr-o dată văzu o lumină
he saw the light at a distance through the trees
a văzut lumina de la distanță printre copaci
when he got closer he saw the light was a palace
când s-a apropiat a văzut că lumina era un palat
the palace was illuminated from top to bottom
palatul era luminat de sus în jos
the merchant thanked God for his luck
negustorul a mulțumit lui Dumnezeu pentru norocul său
and he hurried to the palace
iar el s-a grăbit la palat
but he was surprised to see no people in the palace
dar a fost surprins să nu vadă oameni în palat
the court yard was completely empty
curtea curții era complet goală
and there was no sign of life anywhere
și nu era niciun semn de viață nicăieri
his horse followed him into the palace
calul lui l-a urmat în palat
and then his horse found large stable
și atunci calul său a găsit un grajd mare
the poor animal was almost famished
bietul animal era aproape înfometat
so his horse went in to find hay and oats
așa că calul lui a intrat să găsească fân și ovăz
fortunately he found plenty to eat
din fericire a găsit destule de mâncare
and the merchant tied his horse up to the manger
iar negustorul și-a legat calul de iesle
walking towards the house he saw no one
mergând spre casă, nu văzu pe nimeni
but in a large hall he found a good fire
dar într-o sală mare a găsit un foc bun
and he found a table set for one
și a găsit o masă pusă pentru unul
he was wet from the rain and snow

era ud de ploaie și zăpadă
so he went near the fire to dry himself
așa că s-a apropiat de foc să se usuce
"I hope the master of the house will excuse me"
„Sper că stăpânul casei mă va scuza"
"I suppose it won't take long for someone to appear"
„Presupun că nu va dura mult până când cineva va apărea"
He waited a considerable time
A așteptat un timp considerabil
he waited until it struck eleven, and still nobody came
a așteptat până a bătut unsprezece și tot nu a venit nimeni
at last he was so hungry that he could wait no longer
în sfârșit îi era atât de foame încât nu mai putea aștepta
he took some chicken and ate it in two mouthfuls
a luat niște pui și l-a mâncat în două guri
he was trembling while eating the food
tremura în timp ce mânca mâncarea
after this he drank a few glasses of wine
după aceasta a băut câteva pahare de vin
growing more courageous he went out of the hall
din ce în ce mai curajos a ieșit din hol
and he crossed through several grand halls
și a traversat mai multe săli mărețe
he walked through the palace until he came into a chamber
a mers prin palat până a intrat într-o încăpere
a chamber which had an exceeding good bed in it
o cameră care avea un pat foarte bun în ea
he was very much fatigued from his ordeal
era foarte obosit de încercarea lui
and the time was already past midnight
iar ora trecuse deja de miezul nopții
so he decided it was best to shut the door
așa că a decis că cel mai bine era să închidă ușa
and he concluded he should go to bed
și a ajuns la concluzia că ar trebui să meargă la culcare
It was ten in the morning when the merchant woke up

Era zece dimineața când s-a trezit negustorul
just as he was going to rise he saw something
tocmai când avea să se ridice a văzut ceva
he was astonished to see a clean set of clothes
a fost uimit să vadă un set de haine curate
in the place where he had left his dirty clothes
în locul în care își lăsase hainele murdare
"certainly this palace belongs to some kind fairy"
„Cu siguranță acest palat aparține unei zâne amabile"
"a fairy who has seen and pitied me"
„ o zână care m-a văzut și s-a făcut milă"
he looked through a window
se uită printr-o fereastră
but instead of snow he saw the most delightful garden
dar în loc de zăpadă a văzut cea mai încântătoare grădină
and in the garden were the most beautiful roses
iar în grădină erau cei mai frumoși trandafiri
he then returned to the great hall
s-a întors apoi în sala mare
the hall where he had had soup the night before
sala în care băuse supă cu o seară înainte
and he found some chocolate on a little table
și a găsit niște ciocolată pe o măsuță
"Thank you, good Madam Fairy," he said aloud
— Mulțumesc, bună doamnă Zână, spuse el cu voce tare
"thank you for being so caring"
„Îți mulțumesc că ai fost atât de grijuliu"
"I am extremely obliged to you for all your favours"
„Vă sunt extrem de recunoscător pentru toate favorurile"
the kind man drank his chocolate
bărbatul bun și-a băut ciocolata
and then he went to look for his horse
și apoi s-a dus să-și caute calul
but in the garden he remembered Beauty's request
dar în grădină își aminti de cererea frumuseții
and he cut off a branch of roses

și a tăiat o ramură de trandafiri
immediately he heard a great noise
imediat a auzit un zgomot mare
and he saw a terribly frightful Beast
și a văzut o fiară îngrozitor de înfricoșătoare
he was so scared that he was ready to faint
era atât de speriat încât era gata să leșine
"You are very ungrateful," said the Beast to him
„Ești foarte nerecunoscător", i-a spus fiara
and the Beast spoke in a terrible voice
iar fiara a vorbit cu o voce groaznică
"I have saved your life by allowing you into my castle"
„Ți-am salvat viața dându-ți voie să intri în castelul meu"
"and for this you steal my roses in return?"
„și pentru asta îmi furi trandafirii în schimb?"
"The roses which I value beyond anything"
„Trandafirii pe care îi prețuiesc dincolo de orice"
"but you shall die for what you've done"
"dar vei muri pentru ceea ce ai facut"
"I give you but a quarter of an hour to prepare yourself"
„Îți dau doar un sfert de oră să te pregătești"
"get yourself ready for death and say your prayers"
„Pregătește-te pentru moarte și spune-ți rugăciunile"
the merchant fell on his knees
negustorul a căzut în genunchi
and he lifted up both his hands
și și-a ridicat ambele mâini
"My lord, I beseech you to forgive me"
„Domnul meu, vă implor să mă iertați"
"I had no intention of offending you"
„Nu am avut de gând să te jignesc"
"I gathered a rose for one of my daughters"
„Am adunat un trandafir pentru una dintre fiicele mele"
"she asked me to bring her a rose"
„Mi-a cerut să-i aduc un trandafir"
"I am not your lord, but I am a Beast," replied the monster

"Nu sunt stăpânul tău, dar sunt o fiară", a răspuns monstrul
"I don't love compliments"
„Nu-mi plac complimentele"
"I like people who speak as they think"
„Îmi plac oamenii care vorbesc aşa cum gândesc"
"do not imagine I can be moved by flattery"
„Nu vă imaginaţi că pot fi mişcat de linguşire"
"But you say you have got daughters"
„Dar spui că ai fete"
"I will forgive you on one condition"
„Te voi ierta cu o condiţie"
"one of your daughters must come to my palace willingly"
„una dintre fiicele tale trebuie să vină de bunăvoie la palatul meu"
"and she must suffer for you"
„şi ea trebuie să sufere pentru tine"
"Let me have your word"
"Lasa-ma sa iti am cuvantul"
"and then you can go about your business"
„şi apoi poţi să-ţi faci treaba"
"Promise me this:"
"Promite-mi asta:"
"if your daughter refuses to die for you, you must return within three months"
„Dacă fiica ta refuză să moară pentru tine, trebuie să te întorci în trei luni"
the merchant had no intentions to sacrifice his daughters
negustorul nu avea nicio intenţie să-şi sacrifice fiicele
but, since he was given time, he wanted to see his daughters once more
dar, din moment ce i s-a dat timp, a vrut să-şi vadă fiicele încă o dată
so he promised he would return
aşa că a promis că se va întoarce
and the Beast told him he might set out when he pleased
iar fiara i-a spus că poate pleca când va voi

and the Beast told him one more thing
iar fiara i-a mai spus un lucru
"you shall not depart empty handed"
„Să nu pleci cu mâinile goale"
"go back to the room where you lay"
„Întoarce-te în camera în care te-ai întins"
"you will see a great empty treasure chest"
„Veți vedea un cufăr mare de comori gol"
"fill the treasure chest with whatever you like best"
„Umpleți cufărul cu comori cu tot ce vă place mai mult"
"and I will send the treasure chest to your home"
„și voi trimite cufărul cu comori la tine acasă"
and at the same time the Beast withdrew
și în același timp fiara s-a retras
"Well," said the good man to himself
„Ei bine", a spus omul bun pentru sine
"if I must die, I shall at least leave something to my children"
„Dacă trebuie să mor, măcar voi lăsa ceva copiilor mei"
so he returned to the bedchamber
așa că s-a întors în dormitor
and he found a great many pieces of gold
și a găsit o mulțime de piese de aur
he filled the treasure chest the Beast had mentioned
a umplut cufărul cu comori despre care pomenise fiara
and he took his horse out of the stable
și și-a scos calul din grajd
the joy he felt when entering the palace was now equal to the grief he felt leaving it
bucuria pe care o simțea la intrarea în palat era acum egală cu durerea pe care o simțea la ieșirea din el
the horse took one of the roads of the forest
calul a luat unul din drumurile pădurii
and in a few hours the good man was home
iar în câteva ore omul bun era acasă
his children came to him

copiii lui au venit la el
but instead of receiving their embraces with pleasure, he looked at them
dar în loc să le primească cu plăcere îmbrățișările, se uită la ei
he held up the branch he had in his hands
ridică creanga pe care o avea în mâini
and then he burst into tears
apoi a izbucnit în lacrimi
"Beauty," he said, "please take these roses"
„Frumusețe", a spus el, „te rog să ia acești trandafiri"
"you can't know how costly these roses have been"
„Nu poți ști cât de scumpi au fost trandafirii ăștia"
"these roses have cost your father his life"
„Acești trandafiri l-au costat viața pe tatăl tău"
and then he told of his fatal adventure
iar apoi a povestit despre aventura lui fatală
immediately the two eldest sisters cried out
imediat cele două surori mai mari au strigat
and they said many mean things to their beautiful sister
și i-au spus multe lucruri rele frumoasei lor surori
but Beauty did not cry at all
dar frumusețea nu plângea deloc
"Look at the pride of that little wretch," said they
„Uită-te la mândria acelui nenorocit", au spus ei
"she did not ask for fine clothes"
"nu a cerut haine frumoase"
"she should have done what we did"
„Ar fi trebuit să facă ceea ce am făcut noi"
"she wanted to distinguish herself"
„a vrut să se distingă"
"so now she will be the death of our father"
„Deci acum ea va fi moartea tatălui nostru"
"and yet she does not shed a tear"
„și totuși nu varsă o lacrimă"
"Why should I cry?" answered Beauty
„De ce să plâng?" răspunse frumusețea

"crying would be very needless"
„Plânsul ar fi foarte inutil"
"my father will not suffer for me"
„Tatăl meu nu va suferi pentru mine"
"the monster will accept of one of his daughters"
„monstrul va accepta una dintre fiicele lui"
"I will offer myself up to all his fury"
„Mă voi oferi toată furia lui"
"I am very happy, because my death will save my father's life"
„Sunt foarte fericit, pentru că moartea mea va salva viața tatălui meu"
"my death will be a proof of my love"
„Moartea mea va fi o dovadă a iubirii mele"
"No, sister," said her three brothers
„Nu, soră", au spus cei trei frați ai ei
"that shall not be"
"asta nu va fi"
"we will go find the monster"
„Vom merge să găsim monstrul"
"and either we will kill him..."
"și fie îl vom ucide..."
"... or we will perish in the attempt"
„... sau vom pieri în încercare"
"Do not imagine any such thing, my sons," said the merchant
„Nu vă imaginați așa ceva, fiii mei", a spus negustorul
"the Beast's power is so great that I have no hope you could overcome him"
„puterea fiarei este atât de mare încât nu am nicio speranță că o poți birui"
"I am charmed with Beauty's kind and generous offer"
„Sunt fermecat de oferta bună și generoasă a frumuseții"
"but I cannot accept to her generosity"
"dar nu pot accepta generozitatea ei"
"I am old, and I don't have long to live"
„Sunt bătrân și nu mai am mult de trăit"

"so I can only loose a few years"
„deci nu pot pierde decât câțiva ani"
"time which I regret for you, my dear children"
„Timp pe care îl regret pentru voi, dragii mei copii"
"But father," said Beauty
— Dar tată, spuse frumusețea
"you shall not go to the palace without me"
„Nu vei merge la palat fără mine"
"you cannot stop me from following you"
„Nu mă poți opri să te urmăresc"
nothing could convince Beauty otherwise
nimic nu ar putea convinge frumusetea altfel
she insisted on going to the fine palace
a insistat să meargă la frumosul palat
and her sisters were delighted at her insistence
iar surorile ei erau încântate de insistența ei
The merchant was worried at the thought of losing his daughter
Negustorul era îngrijorat la gândul că-și va pierde fiica
he was so worried that he had forgotten about the chest full of gold
era atât de îngrijorat încât uitase de cufărul plin cu aur
at night he retired to rest, and he shut his chamber door
noaptea s-a retras să se odihnească și și-a închis ușa camerei
then, to his great astonishment, he found the treasure by his bedside
apoi, spre marea lui uimire, a găsit comoara lângă patul lui
he was determined not to tell his children
era hotărât să nu le spună copiilor săi
if they knew, they would have wanted to return to town
dacă ar fi știut, ar fi vrut să se întoarcă în oraș
and he was resolved not to leave the countryside
și era hotărât să nu părăsească țara
but he trusted Beauty with the secret
dar a încrezut frumuseții cu secretul
she informed him that two gentlemen had came

ea l-a informat că au venit doi domni
and they made proposals to her sisters
și le-au făcut propuneri surorilor ei
she begged her father to consent to their marriage
ea l-a implorat pe tatăl ei să consimtă la căsătoria lor
and she asked him to give them some of his fortune
iar ea i-a cerut să le dea o parte din averea lui
she had already forgiven them
ea îi iertase deja
the wicked creatures rubbed their eyes with onions
făpturile rele și-au frecat ochii cu ceapă
to force some tears when they parted with their sister
să forțeze niște lacrimi când s-au despărțit de sora lor
but her brothers really were concerned
dar frații ei chiar erau îngrijorați
Beauty was the only one who did not shed any tears
frumusețea a fost singura care nu a vărsat nicio lacrimă
she did not want to increase their uneasiness
ea nu voia să le sporească neliniștea
the horse took the direct road to the palace
calul a luat drumul direct către palat
and towards evening they saw the illuminated palace
iar spre seară au văzut palatul luminat
the horse took himself into the stable again
calul s-a luat din nou în grajd
and the good man and his daughter went into the great hall
iar omul bun și fiica lui au intrat în sala cea mare
here they found a table splendidly served up
aici au găsit o masă splendid servită
the merchant had no appetite to eat
negustorul nu avea poftă de mâncare
but Beauty endeavoured to appear cheerful
dar frumusețea se străduia să pară veselă
she sat down at the table and helped her father
s-a așezat la masă și și-a ajutat tatăl
but she also thought to herself:

dar și ea se gândea:
"Beast surely wants to fatten me before he eats me"
„Fiara sigur vrea să mă îngrașă înainte să mă mănânce"
"that is why he provides such plentiful entertainment"
„de aceea oferă atât de mult divertisment"
after they had eaten they heard a great noise
după ce au mâncat au auzit un zgomot mare
and the merchant bid his unfortunate child farewell, with tears in his eyes
iar negustorul și-a luat rămas bun de nefericitul său copil, cu lacrimi în ochi
because he knew the Beast was coming
pentru că știa că va veni fiara
Beauty was terrified at his horrid form
frumusețea era îngrozită de forma lui oribilă
but she took courage as well as she could
dar ea a prins curaj cât a putut de bine
and the monster asked her if she came willingly
iar monstrul a întrebat-o dacă a venit de bunăvoie
"yes, I have come willingly," she said trembling
— da, am venit de bună voie, spuse ea tremurând
the Beast responded, "You are very good"
fiara a răspuns: „Ești foarte bun"
"and I am greatly obliged to you; honest man"
"și vă sunt foarte recunoscător; om cinstit"
"go your ways tomorrow morning"
"du-te drumul tau maine dimineata"
"but never think of coming here again"
„dar să nu te gândești să mai vin aici"
"Farewell Beauty, farewell Beast," he answered
„Adio frumusețe, adio fiară", a răspuns el
and immediately the monster withdrew
și imediat monstrul s-a retras
"Oh, daughter," said the merchant
— O, fiică, spuse negustorul
and he embraced his daughter once more

și și-a îmbrățișat fiica încă o dată
"I am almost frightened to death"
„Aproape sunt speriat de moarte"
"believe me, you had better go back"
"Crede-ma, ar fi bine sa te intorci"
"let me stay here, instead of you"
"Lasa-ma sa stau aici, in loc de tine"
"No, father," said Beauty, in a resolute tone
— Nu, tată, spuse frumusețea, pe un ton hotărât
"you shall set out tomorrow morning"
„Vei pleca mâine dimineață"
"leave me to the care and protection of providence"
„Lasă-mă în grija și protecția providenței"
nonetheless they went to bed
cu toate acestea s-au dus la culcare
they thought they would not close their eyes all night
credeau că nu vor închide ochii toată noaptea
but just as they lay down they slept
dar tocmai când s-au întins, au adormit
Beauty dreamed a fine lady came and said to her:
Frumusețea a visat că a venit o doamnă bună și i-a spus:
"I am content, Beauty, with your good will"
„Sunt mulțumit, frumusețe, cu bunăvoința ta"
"this good action of yours shall not go unrewarded"
„Această acțiune bună a ta nu va rămâne nerăsplatită"
Beauty waked and told her father her dream
frumusețea s-a trezit și i-a spus tatălui ei visul
the dream helped to comfort him a little
visul a ajutat să-l consoleze puțin
but he could not help crying bitterly as he was leaving
dar nu se putea abține să plângă amar în timp ce pleca
as soon as he was gone, Beauty sat down in the great hall and cried too
de îndată ce a plecat, frumusețea s-a așezat în sala mare și a plâns și ea
but she resolved not to be uneasy

dar ea s-a hotărât să nu fie neliniştită
she decided to be strong for the little time she had left to live
a hotărât să fie puternică pentru puţinul timp care-i mai rămânea de trăit
because she firmly believed the Beast would eat her
pentru că credea ferm că fiara o va mânca
however, she thought she might as well explore the palace
totuşi, se gândi că ar putea la fel de bine să exploreze palatul
and she wanted to view the fine castle
şi a vrut să vadă frumosul castel
a castle which she could not help admiring
un castel pe care nu se putea abţine să-l admire
it was a delightfully pleasant palace
era un palat încântător de plăcut
and she was extremely surprised at seeing a door
şi a fost extrem de surprinsă văzând o uşă
and over the door was written that it was her room
iar peste uşă era scris că era camera ei
she opened the door hastily
ea deschise uşa în grabă
and she was quite dazzled with the magnificence of the room
şi era destul de uluită de măreţia camerei
what chiefly took up her attention was a large library
ceea ce i-a atras în principal atenţia a fost o bibliotecă mare
a harpsichord and several music books
un clavecin şi mai multe cărţi de muzică
"Well," said she to herself
„Ei bine", a spus ea pentru sine
"I see the Beast will not let my time hang heavy"
„Văd că fiara nu-mi va lăsa timpul să atârne greu"
then she reflected to herself about her situation
apoi s-a gândit în sinea ei despre situaţia ei
"If I was meant to stay a day all this would not be here"
„Dacă ar fi fost menită să stau o zi, toate acestea nu ar fi aici"
this consideration inspired her with fresh courage

această considerație i-a inspirat un curaj proaspăt
and she took a book from her new library
și a luat o carte din noua ei bibliotecă
and she read these words in golden letters:
iar ea a citit aceste cuvinte cu litere aurii:
"Welcome Beauty, banish fear"
„Bine ai venit frumusețea, alungă frica"
"You are queen and mistress here"
„Ești regină și amantă aici"
"Speak your wishes, speak your will"
„Spune-ți dorințele, spune-ți voința"
"Swift obedience meets your wishes here"
„Supunerea rapidă îndeplinește dorințele tale aici"
"Alas," said she, with a sigh
— Vai, spuse ea oftând
"Most of all I wish to see my poor father"
„Mai mult îmi doresc să-mi văd bietul tată"
"and I would like to know what he is doing"
„și aș vrea să știu ce face"
As soon as she had said this she noticed the mirror
De îndată ce spuse asta, observă oglinda
to her great amazement she saw her own home in the mirror
spre marea ei uimire și-a văzut propria casă în oglindă
her father arrived emotionally exhausted
tatăl ei a sosit epuizat emoțional
her sisters went to meet him
surorile ei au mers să-l întâmpine
despite their attempts to appear sorrowful, their joy was visible
în ciuda încercărilor lor de a părea întristat, bucuria lor era vizibilă
a moment later everything disappeared
o clipă mai târziu totul a dispărut
and Beauty's apprehensions disappeared too
iar temerile frumuseții au dispărut și ele
for she knew she could trust the Beast

pentru că știa că poate avea încredere în fiară
At noon she found dinner ready
La amiază a găsit cina pregătită
she sat herself down at the table
se așeză la masă
and she was entertained with a concert of music
și a fost distrată cu un concert de muzică
although she couldn't see anybody
deși nu putea vedea pe nimeni
at night she sat down for supper again
noaptea s-a așezat din nou la cină
this time she heard the noise the Beast made
de data aceasta auzi zgomotul pe care îl făcea fiara
and she could not help being terrified
iar ea nu se putea abține să fie îngrozită
"Beauty," said the monster
„Frumusețe", a spus monstrul
"do you allow me to eat with you?"
„Îmi dai voie să mănânc cu tine?"
"do as you please," Beauty answered trembling
„Fă cum vrei", a răspuns frumusețea tremurând
"No," replied the Beast
— Nu, răspunse fiara
"you alone are mistress here"
"Singura tu esti amanta aici"
"you can send me away if I'm troublesome"
„Poți să mă trimiți dacă sunt supărător"
"send me away and I will immediately withdraw"
"Trimite-ma si ma voi retrage imediat"
"But, tell me; do you not think I am very ugly?"
"Dar, spune-mi; nu crezi că sunt foarte urâtă?"
"That is true," said Beauty
„Asta este adevărat", a spus frumusețea
"I cannot tell a lie"
„Nu pot să spun o minciună"
"but I believe you are very good natured"

"dar cred ca esti foarte bun"
"I am indeed," said the monster
— Chiar sunt, spuse monstrul
"But apart from my ugliness, I also have no sense"
„Dar în afară de urâțenia mea, nu am nici un sens"
"I know very well that I am a silly creature"
„Știu foarte bine că sunt o creatură proastă"
"It is no sign of folly to think so," replied Beauty
„Nu este un semn de prostie să crezi așa", a răspuns frumusețea
"Eat then, Beauty," said the monster
— Mănâncă atunci, frumusețe, spuse monstrul
"try to amuse yourself in your palace"
„Încearcă să te distrezi în palatul tău"
"everything here is yours"
„Totul aici este al tău"
"and I would be very uneasy if you were not happy"
„și aș fi foarte neliniștit dacă nu ai fi fericit"
"You are very obliging," answered Beauty
— Ești foarte amabil, răspunse frumusețea
"I admit I am pleased with your kindness"
„Recunosc că sunt mulțumit de bunătatea ta"
"and when I consider your kindness, I hardly notice your deformities"
„și când mă gândesc la bunătatea ta, cu greu observ deformările tale"
"Yes, yes," said the Beast, "my heart is good
„Da, da", a spus fiara, „inima mea este bună
"but although I am good, I am still a monster"
„dar, deși sunt bun, tot sunt un monstru"
"There are many men that deserve that name more than you"
„Sunt mulți bărbați care merită acest nume mai mult decât tine"
"and I prefer you just as you are"
„și te prefer așa cum ești"
"and I prefer you more than those who hide an ungrateful

heart"
„şi te prefer pe tine mai mult decât pe cei care ascund o inimă nerecunoscătoare"
"if only I had some sense," replied the Beast
„Dacă aş avea oarecare simţ", a răspuns fiara
"if I had sense I would make a fine compliment to thank you"
„Dacă aş avea sens, aş face un compliment frumos ca să-ţi mulţumesc"
"but I am so dull"
„dar sunt atât de plictisitor"
"I can only say I am greatly obliged to you"
„Pot doar să spun că vă sunt foarte recunoscător"
Beauty ate a hearty supper
frumuseţea a mâncat o cină copioasă
and she had almost conquered her dread of the monster
şi aproape că îşi învinsese teama faţă de monstru
but she wanted to faint when the Beast asked her the next question
dar a vrut să leşine când fiara i-a pus următoarea întrebare
"Beauty, will you be my wife?"
"frumuseţe, vei fi soţia mea?"
she took some time before she could answer
a luat ceva timp până să poată răspunde
because she was afraid of making him angry
pentru că îi era frică să nu-l înfurie
at last, however, she said "no, Beast"
în cele din urmă, însă, ea a spus „nu, fiară"
immediately the poor monster hissed very frightfully
imediat bietul monstru şuieră foarte înspăimântător
and the whole palace echoed
iar tot palatul răsună
but Beauty soon recovered from her fright
dar frumuseţea şi-a revenit curând din spaima ei
because Beast spoke again in a mournful voice
pentru că fiara a vorbit din nou cu un glas jalnic

"then farewell, Beauty"
„Atunci la revedere, frumusețe"
and he only turned back now and then
și se întorcea doar din când în când
to look at her as he went out
să se uite la ea când ieșea
now Beauty was alone again
acum frumusețea era din nou singură
she felt a great deal of compassion
a simțit o mare compasiune
"Alas, it is a thousand pities"
"Vai, sunt o mie de mila"
"anything so good natured should not be so ugly"
„Orice lucru atât de bun nu ar trebui să fie atât de urât"
Beauty spent three months very contentedly in the palace
frumusețea a petrecut trei luni foarte mulțumită în palat
every evening the Beast paid her a visit
în fiecare seară fiara îi făcea o vizită
and they talked during supper
și au vorbit în timpul cinei
they talked with common sense
vorbeau cu bun simț
but they didn't talk with what people call wittiness
dar nu vorbeau cu ceea ce oamenii numesc duh
Beauty always discovered some valuable character in the Beast
frumusețea a descoperit întotdeauna un caracter valoros în fiară
and she had gotten used to his deformity
iar ea se obișnuise cu diformitatea lui
she didn't dread the time of his visit anymore
nu se mai temea de momentul vizitei lui
now she often looked at her watch
acum se uita adesea la ceas
and she couldn't wait for it to be nine o'clock
și abia aștepta să fie ora nouă

because the Beast never missed coming at that hour
pentru că fiara nu rata niciodată să vină la acea oră
there was only one thing that concerned Beauty
era un singur lucru care privea frumusețea
every night before she went to bed the Beast asked her the same question
în fiecare seară înainte de a merge la culcare, fiara îi punea aceeași întrebare
the monster asked her if she would be his wife
monstrul a întrebat-o dacă va fi soția lui
one day she said to him, "Beast, you make me very uneasy"
într-o zi ea i-a spus: „fiară, mă faci foarte neliniștit"
"I wish I could consent to marry you"
„Mi-aș dori să fiu de acord să mă căsătoresc cu tine"
"but I am too sincere to make you believe I would marry you"
„dar sunt prea sincer să te fac să crezi că mă voi căsători cu tine"
"our marriage will never happen"
„căsătoria noastră nu se va întâmpla niciodată"
"I shall always see you as a friend"
„Te voi vedea mereu ca pe un prieten"
"please try to be satisfied with this"
„Te rog, încearcă să fii mulțumit de asta"
"I must be satisfied with this," said the Beast
— Trebuie să fiu mulțumit de asta, spuse fiara
"I know my own misfortune"
„Îmi cunosc propria nenorocire"
"but I love you with the tenderest affection"
"dar te iubesc cu cea mai tandra afectiune"
"However, I ought to consider myself as happy"
„Totuși, ar trebui să mă consider fericit"
"and I should be happy that you will stay here"
"și ar trebui să fiu fericit că vei rămâne aici"
"promise me never to leave me"
„Promite-mi să nu mă părăsești niciodată"

Beauty blushed at these words
frumusețea se înroși la aceste cuvinte
one day Beauty was looking in her mirror
într-o zi frumusețea se uita în oglinda ei
her father had worried himself sick for her
tatăl ei se îngrijorase bolnav pentru ea
she longed to see him again more than ever
tânjea să-l revadă mai mult ca niciodată
"I could promise never to leave you entirely"
„Aș putea promite că nu te voi părăsi niciodată în întregime"
"but I have so great a desire to see my father"
„dar am o dorință atât de mare să-mi văd tatăl"
"I would be impossibly upset if you say no"
„Aș fi incredibil de supărat dacă ai spune nu"
"I had rather die myself," said the monster
„Aș prefera să mor eu însumi", a spus monstrul
"I would rather die than make you feel uneasiness"
„Aș prefera să mor decât să te fac să te simți neliniștit"
"I will send you to your father"
„Te voi trimite la tatăl tău"
"you shall remain with him"
"vei ramane cu el"
"and this unfortunate Beast will die with grief instead"
„și această fiară nefericită va muri de durere în schimb"
"No," said Beauty, weeping
— Nu, spuse frumusețea, plângând
"I love you too much to be the cause of your death"
„Te iubesc prea mult pentru a fi cauza morții tale"
"I give you my promise to return in a week"
„Îți promit că mă voi întoarce într-o săptămână"
"You have shown me that my sisters are married"
„Mi-ați arătat că surorile mele sunt căsătorite"
"and my brothers have gone to the army"
„și frații mei au plecat la armată"
"let me stay a week with my father, as he is alone"
"Lasa-ma sa stau o saptamana cu tata, ca el este singur"

"You shall be there tomorrow morning," said the Beast
— Vei fi acolo mâine dimineață, spuse fiara
"but remember your promise"
"dar aminteste-ti promisiunea"
"You need only lay your ring on a table before you go to bed"
„Trebuie să-ți așezi inelul pe o masă înainte de a te culca"
"and then you will be brought back before the morning"
„și apoi vei fi adus înapoi înainte de dimineață"
"Farewell dear Beauty," sighed the Beast
— Adio dragă frumusețe, oftă fiara
Beauty went to bed very sad that night
frumusețea s-a culcat foarte trist în noaptea aceea
because she didn't want to see Beast so worried
pentru că nu voia să vadă fiara atât de îngrijorată
the next morning she found herself at her father's home
a doua zi dimineață se trezi acasă la tatăl ei
she rung a little bell by her bedside
a sunat un mic clopoțel lângă patul ei
and the maid gave a loud shriek
iar servitoarea scoase un țipăt puternic
and her father ran upstairs
iar tatăl ei a alergat sus
he thought he was going to die with joy
credea că va muri de bucurie
he held her in his arms for quarter of an hour
a ținut-o în brațe un sfert de oră
eventually the first greetings were over
în cele din urmă primele salutări s-au terminat
Beauty began to think of getting out of bed
frumusețea a început să se gândească să se ridice din pat
but she realized she had brought no clothes
dar își dădu seama că nu adusese haine
but the maid told her she had found a box
dar servitoarea i-a spus că a găsit o cutie
the large trunk was full of gowns and dresses

portbagajul mare era plin de rochii și rochii
each gown was covered with gold and diamonds
fiecare rochie era acoperită cu aur și diamante
Beauty thanked Beast for his kind care
frumusețea a mulțumit fiarei pentru grija lui amabilă
and she took one of the plainest of the dresses
iar ea a luat una dintre cele mai simple dintre rochii
she intended to give the other dresses to her sisters
intenționa să le dea surorilor ei celelalte rochii
but at that thought the chest of clothes disappeared
dar la acel gând, pieptul de haine a dispărut
Beast had insisted the clothes were for her only
Bestia insistase că hainele erau doar pentru ea
her father told her that this was the case
tatăl ei i-a spus că acesta este cazul
and immediately the trunk of clothes came back again
și imediat cufărul de haine s-a întors din nou
Beauty dressed herself with her new clothes
frumusețea s-a îmbrăcat cu hainele ei noi
and in the meantime maids went to find her sisters
iar între timp slujnicele s-au dus să-i găsească surorile
both her sister were with their husbands
amândoi sora ei erau cu soții lor
but both her sisters were very unhappy
dar ambele surori erau foarte nefericite
her eldest sister had married a very handsome gentleman
sora ei mai mare se măritase cu un domn foarte frumos
but he was so fond of himself that he neglected his wife
dar era atât de îndrăgostit de sine, încât și-a neglijat soția
her second sister had married a witty man
a doua ei soră se căsătorise cu un bărbat plin de duh
but he used his wittiness to torment people
dar și-a folosit mărturia pentru a chinui oamenii
and he tormented his wife most of all
și și-a chinuit mai ales soția
Beauty's sisters saw her dressed like a princess

surorile frumuseții au văzut-o îmbrăcată ca o prințesă
and they were sickened with envy
și s-au îmbolnăvit de invidie
now she was more beautiful than ever
acum era mai frumoasă ca niciodată
her affectionate behaviour could not stifle their jealousy
comportamentul ei afectuos nu le putea înăbuși gelozia
she told them how happy she was with the Beast
le-a spus cât de fericită era cu fiara
and their jealousy was ready to burst
iar gelozia lor era gata să izbucnească
They went down into the garden to cry about their misfortune
Au coborât în grădină să plângă de nenorocirea lor
"In what way is this little creature better than us?"
„În ce fel este această creatură mai bună decât noi?"
"Why should she be so much happier?"
— De ce ar trebui să fie atât de fericită?
"Sister," said the older sister
— Soră, spuse sora mai mare
"a thought just struck my mind"
„un gând tocmai mi-a lovit mintea"
"let us try to keep her here for more than a week"
„Hai să încercăm să o ținem aici mai mult de o săptămână"
"perhaps this will enrage the silly monster"
„Poate că asta îl va înfuria pe monstrul prost"
"because she would have broken her word"
„pentru că și-ar fi încălcat cuvântul"
"and then he might devour her"
„și atunci s-ar putea să o devoreze"
"that's a great idea," answered the other sister
„Este o idee grozavă", a răspuns cealaltă soră
"we must show her as much kindness as possible"
„trebuie să-i arătăm cât mai multă bunătate"
the sisters made this their resolution
surorile au făcut aceasta rezoluție

and they behaved very affectionately to their sister
și s-au purtat foarte afectuos față de sora lor
poor Beauty wept for joy from all their kindness
biata frumusețe a plâns de bucurie din toată bunătatea lor
when the week was expired, they cried and tore their hair
când a expirat săptămâna, au plâns și și-au rupt părul
they seemed so sorry to part with her
păreau atât de rău să se despartă de ea
and Beauty promised to stay a week longer
iar frumusețea a promis că va mai rămâne o săptămână
In the meantime, Beauty could not help reflecting on herself
Între timp, frumusețea nu s-a putut abține să se gândească la ea însăși
she worried what she was doing to poor Beast
se îngrijora ce îi făcea sărmanei fiare
she know that she sincerely loved him
ea știe că l-a iubit sincer
and she really longed to see him again
și își dorea foarte mult să-l revadă
the tenth night she spent at her father's too
a zecea noapte pe care a petrecut-o și la tatăl ei
she dreamed she was in the palace garden
a visat că se află în grădina palatului
and she dreamt she saw the Beast extended on the grass
și a visat că vede fiara întinsă pe iarbă
he seemed to reproach her in a dying voice
părea să-i reproșeze cu o voce pe moarte
and he accused her of ingratitude
iar el a acuzat-o de ingratitudine
Beauty woke up from her sleep
frumusețea s-a trezit din somn
and she burst into tears
iar ea a izbucnit în lacrimi
"Am I not very wicked?"
— Nu sunt eu foarte rău?
"Was it not cruel of me to act so unkindly to the Beast?"

— Nu a fost crud din partea mea să mă comport atât de rău cu fiara?
"Beast did everything to please me"
„fiara a făcut totul pentru a-mi mulțumi"
"Is it his fault that he is so ugly?"
— Este vina lui că e atât de urât?
"Is it his fault that he has so little wit?"
— Este vina lui că are atât de puțină inteligență?
"He is kind and good, and that is sufficient"
„El este bun și bun și asta este suficient"
"Why did I refuse to marry him?"
— De ce am refuzat să mă căsătoresc cu el?
"I should be happy with the monster"
„Ar trebui să fiu fericit cu monstrul"
"look at the husbands of my sisters"
„Uită-te la soții surorilor mele"
"neither wittiness, nor a being handsome makes them good"
„nici spiritul, nici o ființă frumoasă nu-i face buni"
"neither of their husbands makes them happy"
„niciunul dintre soți nu îi face fericiți"
"but virtue, sweetness of temper, and patience"
„dar virtutea, dulceața temperamentului și răbdarea"
"these things make a woman happy"
„Aceste lucruri fac o femeie fericită"
"and the Beast has all these valuable qualities"
„iar fiara are toate aceste calități valoroase"
"it is true; I do not feel the tenderness of affection for him"
"este adevarat; nu simt tandretea afectiunii pentru el"
"but I find I have the highest gratitude for him"
„dar constat că am cea mai mare recunoștință pentru el"
"and I have the highest esteem of him"
„și am cea mai mare stima pentru el"
"and he is my best friend"
„și el este cel mai bun prieten al meu"
"I will not make him miserable"
„Nu-l voi face nenorocit"

"If were I to be so ungrateful I would never forgive myself"
„Dacă aș fi atât de nerecunoscător, nu m-aș ierta niciodată"
Beauty put her ring on the table
frumusețea și-a pus inelul pe masă
and she went to bed again
iar ea s-a culcat din nou
scarce was she in bed before she fell asleep
abia dacă era în pat înainte de a adormi
she woke up again the next morning
s-a trezit din nou a doua zi dimineața
and she was overjoyed to find herself in the Beast's palace
iar ea a fost nespus de bucuroasă să se poată găsi în palatul fiarei
she put on one of her nicest dress to please him
și-a pus una dintre cele mai frumoase rochii ale ei pentru a-i face plăcere
and she patiently waited for evening
iar ea a așteptat cu răbdare seara
at last the wished-for hour came
a venit ora dorită
the clock struck nine, yet no Beast appeared
ceasul a bătut nouă, dar nicio fiară nu a apărut
Beauty then feared she had been the cause of his death
Beauty se temea atunci că ea fusese cauza morții lui
she ran crying all around the palace
a alergat plângând prin tot palatul
after having sought for him everywhere, she remembered her dream
după ce l-a căutat peste tot, ea și-a amintit de visul ei
and she ran to the canal in the garden
iar ea a fugit la canalul din grădină
there she found poor Beast stretched out
acolo a găsit biata fiară întinsă
and she was sure she had killed him
și era sigură că l-a ucis
she threw herself upon him without any dread

ea s-a aruncat asupra lui fără nicio teamă
his heart was still beating
inima îi mai batea
she fetched some water from the canal
ea a luat niște apă din canal
and she poured the water on his head
iar ea i-a turnat apa pe cap
the Beast opened his eyes and spoke to Beauty
fiara a deschis ochii și a vorbit frumuseții
"You forgot your promise"
„Ți-ai uitat promisiunea"
"I was so heartbroken to have lost you"
„Am fost atât de zdrobit că te-am pierdut"
"I resolved to starve myself"
„Am hotărât să mă înfometez"
"but I have the happiness of seeing you once more"
„dar am fericirea să te văd încă o dată"
"so I have the pleasure of dying satisfied"
„deci am plăcerea de a muri satisfăcut"
"No, dear Beast," said Beauty, "you must not die"
„Nu, dragă fiară", a spus frumusețea, „nu trebuie să mori"
"Live to be my husband"
„Trăiește pentru a fi soțul meu"
"from this moment I give you my hand"
"din acest moment iti dau mana mea"
"and I swear to be none but yours"
„și jur că nu fii decât al tău"
"Alas! I thought I had only a friendship for you"
"Vai! Am crezut că am doar o prietenie pentru tine"
"but the grief I now feel convinces me;"
„dar durerea pe care o simt acum mă convinge";
"I cannot live without you"
„Nu pot trăi fără tine"
Beauty scarce had said these words when she saw a light
frumusețea abia spusese aceste cuvinte când văzu o lumină
the palace sparkled with light

palatul strălucea de lumină
fireworks lit up the sky
artificiile au luminat cerul
and the air filled with music
iar aerul s-a umplut de muzică
everything gave notice of some great event
totul a anunțat un eveniment grozav
but nothing could hold her attention
dar nimic nu putea să-i rețină atenția
she turned to her dear Beast
se întoarse spre fiara ei dragă
the Beast for whom she trembled with fear
fiara pentru care tremura de frică
but her surprise was great at what she saw!
dar surpriza ei a fost mare la ceea ce a văzut!
the Beast had disappeared
fiara dispăruse
instead she saw the loveliest prince
în schimb l-a văzut pe cel mai drăguț prinț
she had put an end to the spell
ea pusese capăt vrajei
a spell under which he resembled a Beast
o vrajă sub care semăna cu o fiară
this prince was worthy of all her attention
acest prinț a fost demn de toată atenția ei
but she could not help but ask where the Beast was
dar nu se putea abține să nu întrebe unde era fiara
"You see him at your feet," said the prince
— Îl vezi la picioarele tale, spuse prințul
"A wicked fairy had condemned me"
„O zână rea mă condamnase"
"I was to remain in that shape until a beautiful princess agreed to marry me"
„Trebuia să rămân în această formă până când o prințesă frumoasă a acceptat să se căsătorească cu mine"
"the fairy hid my understanding"

„zâna mi-a ascuns înțelegerea"
"you were the only one generous enough to be charmed by the goodness of my temper"
„Ai fost singurul suficient de generos pentru a fi fermecat de bunătatea temperamentului meu"
Beauty was happily surprised
frumusețea a fost fericită surprinsă
and she gave the charming prince her hand
iar ea îi dădu mâna prințului fermecător
they went together into the castle
au intrat împreună în castel
and Beauty was overjoyed to find her father in the castle
iar frumusețea a fost încântată să-și găsească tatăl în castel
and her whole family were there too
și toată familia ei era acolo
even the beautiful lady that appeared in her dream was there
chiar și frumoasa doamnă care a apărut în visul ei era acolo
"Beauty," said the lady from the dream
„frumusețe", a spus doamna din vis
"come and receive your reward"
„Vino și primește-ți răsplata"
"you have preferred virtue over wit or looks"
„ai preferat virtutea în detrimentul inteligenței sau înfățișării"
"and you deserve someone in whom these qualities are united"
„și meriți pe cineva în care aceste calități sunt unite"
"you are going to be a great queen"
„vei fi o regină grozavă"
"I hope the throne will not lessen your virtue"
„Sper că tronul nu îți va diminua virtutea"
then the fairy turned to the two sisters
apoi zâna se întoarse către cele două surori
"I have seen inside your hearts"
„Am văzut în inimile voastre"
"and I know all the malice your hearts contain"
„și știu toată răutatea pe care o conțin inimile voastre"

"you two will become statues"
„Voi doi veți deveni statui"
"but you will keep your minds"
„dar vă veți păstra mințile"
"you shall stand at the gates of your sister's palace"
„Vei sta la porțile palatului surorii tale"
"your sister's happiness shall be your punishment"
„Fericirea surorii tale va fi pedeapsa ta"
"you won't be able to return to your former states"
„Nu te vei putea întoarce la stările tale anterioare"
"unless, you both admit your faults"
„Dacă nu vă recunoașteți amândoi greșelile"
"but I am foresee that you will always remain statues"
„dar prevăd că veți rămâne mereu statui"
"pride, anger, gluttony, and idleness are sometimes conquered"
„Mândria, mânia, lăcomia și lenevia sunt uneori cucerite"
"but the conversion of envious and malicious minds are miracles"
„ dar convertirea minților invidioase și răutăcioase sunt miracole"
immediately the fairy gave a stroke with her wand
imediat zâna a dat o lovitură cu bagheta ei
and in a moment all that were in the hall were transported
și într-o clipă toate cele care se aflau în sală au fost transportate
they had gone into the prince's dominions
intraseră în stăpâniile prințului
the prince's subjects received him with joy
supușii prințului l-au primit cu bucurie
the priest married Beauty and the Beast
preotul s-a căsătorit cu frumusețea și cu fiara
and he lived with her many years
și a trăit cu ea mulți ani
and their happiness was complete
iar fericirea lor era deplină

because their happiness was founded on virtue
pentru că fericirea lor era întemeiată pe virtute

The End
Sfârșitul

www.tranzlaty.com

www.ingramcontent.com/pod-product-compliance
Lightning Source LLC
Chambersburg PA
CBHW012012090526
44590CB00026B/3981